¡RESUELVE! MATEMÁTICAS EN EL ESPACIO

MATEMÁTICAS EN MARTE

Mark A. Harasymiw
Traducido por Alberto Jiménez

Gareth Stevens
PUBLISHING

Please visit our website, www.garethstevens.com. For a free color catalog of all our high-quality books, call toll free 1-800-542-2595 or fax 1-877-542-2596.

Cataloging-in-Publication Data

Names: Harasymiw, Mark.
Title: Matemáticas en Marte / Mark A. Harasymiw, translated by Alberto Jiménez.
Description: New York : Gareth Stevens Publishing, 2016. | Series: ¡Resuelve! Matemáticas en el espacio | Includes index.
Identifiers: ISBN 9781482452389 (pbk.) | ISBN 9781482452402 (library bound) | ISBN 9781482452396 (6 pack)
Subjects: LCSH: Mathematics–Problems, exercises, etc.–Juvenile literature. | Mars (Planet)–Juvenile literature.
Classification: LCC QA39.3 H35 2016 | DDC 510.76–dc23

First Edition

Published in 2017 by
Gareth Stevens Publishing
111 East 14th Street, Suite 349
New York, NY 10003

Designer: Laura Bowen
Editor: Therese Shea

Photo credits: Cover, p. 1 (Mars) Twin Design/Shutterstock.com; cover, p. 1 (metal banner) Eky Studio/Shutterstock.com; cover, pp. 1–24 (striped banner) M. Stasy/Shutterstock.com; cover, pp. 1–24 (stars) angelinast/Shutterstock.com; cover, pp. 1–24 (math pattern) Marina Sun/Shutterstock.com; pp. 4–24 (text box) Paper Street Design/Shutterstock.com; p. 5 (main) Huntster/Wikimedia Commons; p. 5 (inset) MarcelClemens/Shutterstock.com; p. 7 Macrovector/Shutterstock.com; pp. 9, 11, 13, 15, 17, 19, 21 courtesy of NASA.com.

Printed in the United States of America

CPSIA compliance information: Batch #CS16GS: For further information contact Gareth Stevens, New York, New York at 1-800-542-2595.

CONTENIDO

Las palabras del glosario se muestran en **negrita** la primera vez que aparecen en el texto.

MISIÓN A MARTE

A veces podemos ver a Marte en el cielo nocturno. Parece una estrella roja, pero en realidad es un planeta. Su color nos indica que hay gran cantidad de hierro en la superficie. Cuando el hierro se mezcla con el oxígeno gaseoso, ¡se crea óxido de hierro, o herrumbre!

Hay mucho más que descubrir de ese mundo: por este motivo, se han enviado naves espaciales no tripuladas para explorarlo. Estas naves recogen y envían **datos** a diario, pero en este libro vas a visitar el Planeta Rojo para establecer hechos por ti mismo. ¡Prepárate para el despegue!

TU MISIÓN

Así como los científicos resuelven diferentes tipos de problemas todos los días, tú necesitas utilizar distintas operaciones y medidas matemáticas para averiguar cosas sobre Marte. Busca las respuestas que aparecen boca abajo para verificar tus cálculos.

Esta foto tomada por el **Telescopio** Espacial Hubble muestra el color rojizo del planeta vecino a la Tierra.

Telescopio Espacial Hubble

¿DÓNDE ESTÁ?

Marte es el cuarto planeta distante del Sol, entre la Tierra y Júpiter. Es también el planeta terrestre más externo. "Terrestre" significa que es un mundo rocoso, **denso**, con una superficie sólida, a diferencia de los planetas compuestos de gases. Marte es el segundo planeta más pequeño de nuestro **sistema solar**, después de Mercurio.

TU MISIÓN

La línea imaginaria que va de un lado a otro de un planeta pasando por el centro se llama diámetro. El diámetro de la Tierra mide 7,926 millas; el de Marte 3,706 millas menos que el de la Tierra. Encuentra el diámetro de Marte.

7,926 – 3,706 = ?

Uno de los métodos que utilizan los científicos para medir Marte es calculando su diámetro.

RESPUESTA: El diámetro de Marte es 4,220 millas (6,791 km).

LUNAS DE MARTE

El planeta Marte se llama así en honor al dios de la guerra de la Roma antigua. Los corceles de este dios eran conocidos como Fobos y Deimos entre los griegos, y así se bautizaron precisamente las dos lunas de Marte. Fobos muestra unas líneas en su superficie que hacen pensar a los científicos de la NASA (National Aeronautics and Space Administration) ¡que se romperá en pedazos algún día!

TU MISIÓN

Fobos es más grande que Deimos. Su área es de 1,548 kilómetros cuadrados, mientras que la de Deimos alcanza solo 483 kilómetros cuadrados. ¿Cuál es la diferencia entre ambas?

1,548 - 483 = ?

Los planetas terrestres tienen pocas lunas o ninguna. Marte cuenta con dos: Fobos (en la foto) y Deimos.

RESPUESTA: La diferencia es de 1,065 kilómetros cuadrados (411 millas cuadradas).

COMO LA TIERRA

Marte es similar a la Tierra en algunos aspectos. Se observan en él fenómenos atmosféricos tales como nubes y vientos. Su eje está **inclinado** como el de la Tierra, por lo que tiene distintas estaciones. La duración de su día se asemeja al de la Tierra. Los científicos creen que Marte se parecía aún más a nuestro planeta hace miles de millones de años. Probablemente era más cálido y contenía ríos, lagos y océanos.

TU MISIÓN

El tiempo que tarda Marte en girar completamente sobre sí mismo se llama un día **sideral**. Marte rota una vez cada 24 horas y 37 minutos; la Tierra lo hace una vez cada 23 horas y 56 minutos. ¿Cuánto más largo es el día en Marte?

23 horas 56 minutos + ? = 24 horas 37 minutos

Marte comparte algunas características del suelo con la Tierra como **volcanes**, llanuras y valles.

RESPUESTA: El día en Marte es 41 minutos más largo que un día en la Tierra.

MONTE OLIMPO

Marte es hogar del volcán más alto del sistema solar, el monte Olimpo. ¡Mide 16 millas (26 km) de altura! El mayor volcán de la Tierra es el Mauna Loa, en Hawai, con unas 10,6 millas (17 km) de altura, buena parte de él bajo el agua. Los científicos creen que el Monte Olimpo es tan grande porque la **corteza** de Marte no se mueve igual que la de la Tierra: la **lava** se acumula y lo hace crecer.

TU MISIÓN

La Tierra gira en una **órbita** alrededor del Sol más rápidamente que Marte: la Tierra tarda 365 días en completar su viaje alrededor del Sol, lo que se llama 1 año terrestre. El año en Marte es unos 322 días más largo que el de la Tierra. Averigua cuántos días terrestres tiene un año en Marte.

365 + 322 = ?

El monte Olimpo tiene 374 millas (602 kilómetros) de diámetro. ¡Esta foto muestra que es casi del mismo tamaño que el estado de Arizona!

RESPUESTA: El año en Marte es de unos 687 días terrestres.

¡ABRÍGATE BIEN!

La temperatura media en Marte es -81 °F (-63 °C). Una de las razones por la que Marte es mucho más frío que la Tierra es que está más lejos del Sol. Al igual que los otros planetas, Marte recorre una órbita elíptica, es decir ovalada, alrededor del Sol. Lo que significa que a veces está más cerca del Sol y otras más lejos.

TU MISIÓN

La distancia media entre Marte y el Sol es de unos 142 millones de millas, mientras que la distancia media entre la Tierra y el Sol es de 93 millones de millas. En promedio, ¿cuánto más lejos del Sol está Marte en comparación con la Tierra?

142 millones - 93 millones = ?

Marte es tan frío que incluso ciertos gases, como el dióxido de carbono, ¡se congelan! El hielo en Marte se compone tanto de agua helada como de dióxido de carbono congelado.

RESPUESTA: Marte está a un promedio de unos 49 millones de millas (79 millones de kilómetros) más lejos del Sol.

MUCHA MENOS MASA

Además de ser mucho, mucho más frío que la Tierra, la **gravedad** de Marte es menor que la terrestre. La gravedad de un planeta depende de su **masa**. Marte tiene menos masa que la Tierra. ¡En realidad, solo una décima parte! La gravedad de Marte, por consiguiente, es inferior a la de la Tierra: eso significa que las cosas pesan menos en Marte que en la Tierra.

TU MISIÓN

¡Tú también pesarías menos en Marte! Una persona que pese 50 libras en la Tierra pesaría unas 19 libras en Marte. Si una persona pesara el doble de esa cantidad en la Tierra, ¿cuál sería su peso en la Tierra y en Marte?

50 x 2 = ?   19 x 2 = ?

Si fuera posible fotografiar a Marte y a la Tierra el uno junto al otro, se vería algo parecido a esto.

RESPUESTA: La persona pesaría 100 libras (45 kg) en la Tierra y 38 libras (17 kg) en Marte.

LOS VISITANTES A MARTE

Mariner 4 fue la primera nave espacial que viajó con éxito a Marte, dejando atrás su órbita en 1965. Tomó fotografías -las primeras obtenidas de un planeta que no fuese la Tierra- y siguió funcionando durante tres años más después de realizar esta **misión** de la NASA, observando el Sol. Las naves espaciales *Viking 1* y *Viking 2* sí que aterrizaron en Marte en 1976.

TU MISIÓN

Estados Unidos lanzó (es decir, envió al espacio), una serie de misiones a Marte en la década de 1960. Ver la tabla en la página 19. ¿Cuántos años pasaron aproximadamente entre *Mariner 3* y *Mariner 7*? ¿Qué fracción de las misiones tuvieron éxito?

$$\frac{\text{\# de éxitos}}{\text{\# de misiones}} = \frac{?}{?}$$

La misión *Mars Science Laboratory* llevó al *rover Curiosity* hasta la superficie de Marte en 2012. Un *rover* es un vehículo, una pequeña máquina dotada de movilidad que se utiliza para explorar la superficie de un planeta.

rover Curiosity

Mariner 6

FECHA DE LANZAMIENTO DE LA MISIÓN	NOMBRE	RESULTADO
1964	*Mariner 3*	Fracaso
1964	*Mariner 4*	Éxito
1969	*Mariner 6*	Éxito
1969	*Mariner 7*	Éxito

RESPUESTA: Entre *Mariner 3* y *Mariner 7* transcurrieron unos 5 años. Las 3/4 partes de las misiones tuvieron éxito.

¿DÓNDE ESTÁ EL AGUA?

Muchos se han preguntado si existe vida en Marte o ha existido alguna vez. Para que haya vida, es necesario que haya agua. Los científicos pensaban que Marte estaba completamente congelado, pero las imágenes tomadas en 2015 mostraron vetas oscuras en las laderas de cráteres, señal de que fluye el agua durante ciertas épocas en la superficie del planeta. ¿Qué nos descubrirá la próxima misión a Marte?

TU MISIÓN

Agua puede haber ayudado a formar el Valles Marineris, un sistema de cañones en Marte. Tiene unas 2,500 millas de largo y 4 millas de profundidad. El Gran Cañón de la Tierra cuenta con unas 275 millas de largo y una profundidad de 1 milla en ciertos lugares. ¿Cuánto más largo y más profundo es el Valles Marineris?

2,500 - 275 = ?   4 - 1 = ?

En 2015, una nave de la NASA envió pruebas de que, en ocasiones, el agua corre en Marte. ¡La búsqueda de vida continúa!

RESPUESTA: El Valles Marineris de Marte es 2,225 millas (3,581 kilómetros) más largo y 3 millas (5 kilómetros) más profundo que el Gran Cañón.

GLOSARIO

corteza: capa más externa de la Tierra.

datos: medidas y magnitudes.

denso: muy apretado, muy junto.

gravedad: fuerza que atrae los objetos hacia el centro de un planeta o una estrella.

inclinado: inclinación, pero no vertical.

lava: roca hirviente, líquida, que sale por el cráter de un volcán.

masa: cantidad de materia que hay en un objeto.

misión: tarea o trabajo que un grupo debe realizar.

órbita: trayectoria circular u ovalada de un cuerpo celeste en torno a otro.

sideral: Perteneciente o relativo a las estrellas o a los astros.

sistema solar: el Sol y todos los cuerpos celestes que orbitan a su alrededor, incluyendo los planetas y sus lunas.

telescopio: herramienta utilizada para que los objetos lejanos se vean más grandes y más próximos.

volcán: orificio en la superficie de un planeta a través del cual sale, en ocasiones, roca líquida en forma de lava hirviente.

PARA MÁS INFORMACIÓN

Libros

Capaccio, George. *Mars.* Nueva York, Nueva York: Marshall Cavendish Benchmark, 2010.

Carney, Elizabeth. *Mars.* Washington, DC: National Geographic, 2014.

Sparrow, Giles. *Destiny Mars.* Nueva York, Nueva York: PowerKids Press, 2010.

Sitios de Internet

Mars Exploration
mars.nasa.gov
Con fotos y vídeos. Puedes seguir a los *rovers* (los vehículos) que recorren la superficie de Marte; también puedes preguntar lo que quieras saber.

Popular Science: Exploring Mars
www.popsci.com/tags/mars
Aquí puedes leer una serie de artículos sobre Marte.

Nota del editor a los educadores y padres: nuestro personal especializado ha revisado cuidadosamente estos sitios web para asegurarse de que son apropiados para los estudiantes. Muchos sitios web cambian con frecuencia, por lo que no podemos garantizar que posteriores contenidos que se suban a esas páginas cumplan con nuestros estándares de calidad y valor educativo. Tengan presente que se debe supervisar cuidadosamente a los estudiantes siempre que tengan acceso al Internet.

ÍNDICE